Lo que me g

Aaron, es
tus sueños se
Te quiero, mami.

Texto y fotos por
Donna L. Cuevas Roeder

Hay muchas cosas divertidas que me gusta hacer. Me gusta leer libros.

2

Me gusta jugar con mis carritos de juguete. Yo me imagino que estoy manejando a la casa de mi abuelito para visitarlo.

Me gusta pasar el tiempo

jugando juegos de video

con mi hermana mayor.

¡Qué divertido!

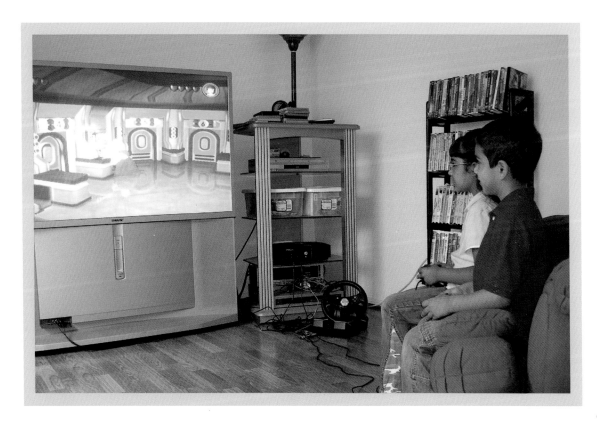

También, me gusta jugar con mi hermano menor. Le enseño cómo jugar y cómo compartir.

Me gusta jugar juegos de computadora.

¡Ojalá que gane!

Me gusta jugar fútbol.

También, me gusta jugar
golf.
¿Qué es lo que te gusta
hacer?

14